화엄경 제4권 해설

제4권에는 주화신으로부터 집금강신까지 모든 신들의 덕과 찬송이 나온다.

JN368398

세주묘엄품 제1의 1(1p)에는

26. 화신(火神. 1p) 무치난행(無治難行)이 나오고
27. 수신(樹神. 9p) 무굴요행(無掘橈行)이 나오며
28. 해신(海神. 18p) 무변행(無邊行)이 나오고
29. 하신(河神. 26p) 요익행(饒益行)이 나오며
30. 가신(稼神. 45p) 환희행(歡喜行)이 나오고
31. 약신(藥神. 45p)은 10주 중 관정주(灌頂住)가 나오며
32. 임신(林神. 54p)은 법왕자주(法王子住)
33. 산신(山神. 63p)은 동진주(童眞住)
34. 지신(地神. 72p)은 불퇴주(不退住)
35. 성신(城神. 81p)은 정심주(正心住)
36. 도량신(道場神. 90p)은 구족방편주(具足方便住)
37. 족행신(足行神. 100p)은 수행주(修行住)
38. 신중신(神衆神. 109p)은 생귀주(生貴住)
39. 집금강신(執金剛神. 118p)은 치지주(治地住)가 나온다.

世(세)主(주)妙(묘)嚴(엄)品(품) 第(제)一(일)之(지)四(사)

復(부)次(차)普(보)光(광)焰(염)藏(장)主(주)火(화)神(신)得(득)

悉(실)除(제)一(일)切(체)世(세)間(간)闇(암)解(해)脫(탈)門(문)普(보)

集(집)光(광)幢(당)主(주)火(화)神(신)得(득)能(능)息(식)一(일)切(체)

衆(중)生(생)諸(제)惑(혹)漂(표)流(류)熱(열)惱(뇌)苦(고)解(해)脫(탈)

門(문)大(대)光(광)徧(변)照(조)主(주)火(화)神(신)得(득)無(무)動(동)

福(복)力(력)大(대)悲(비)藏(장)解(해)脫(탈)門(문)無(무)盡(진)光(광)

主 주	趣 취	主 주	解 해	火 화	虛 허	髻 계
火 화	熾 치	火 화	脫 탈	神 신	空 공	主 주
神 신	然 연	神 신	門 문	得 득	界 계	火 화
得 득	苦 고	得 득	十 시	種 종	解 해	神 신
自 자	解 해	能 능	方 방	種 종	脫 탈	得 득
在 재	脫 탈	滅 멸	宮 궁	福 복	門 문	光 광
開 개	門 문	一 일	殿 전	莊 장	種 종	明 명
悟 오	威 위	切 체	如 여	嚴 엄	種 종	照 조
一 일	光 광	世 세	須 수	寂 적	焰 염	耀 요
切 체	自 자	間 간	彌 미	靜 정	眼 안	無 무
世 세	在 재	諸 제	山 산	光 광	主 주	邊 변

間解脫門光照十方主火神 (간해탈문광조시방주화신)

得永破一切愚癡執着見解 (득영파일체우치집착견해)

脫門雷音電光主火神得成 (탈문뇌음전광주화신득성)

就一切願力大震吼解脫門 (취일체원력대진후해탈문)

爾時普光焰藏主火神承 (이시보광염장주화신승)

佛威力徧觀一切主火神衆 (불위력변관일체주화신중)

而說頌言 (이설송언)

汝觀如來精進力 (여관여래정진력)
廣大億劫不思議 (광대억겁불사의)
爲利衆生現世間 (위리중생현세간)
所有暗障皆令滅 (소유암장개영멸)
衆生愚癡起諸見 (중생우치기제견)
煩惱如流及火然 (번뇌여류급화연)
導師方便悉除滅 (도사방편실제멸)

普集光幢於此悟 (보집광당어차오)
福德如空無有盡 (복덕여공무유진)
求其邊際不可得 (구기변제불가득)
此佛大悲無動力 (차불대비무동력)
光照悟入心生喜 (광조오입심생희)
我觀如來之所行 (아관여래지소행)
經於劫海無邊際 (경어겁해무변제)

사경의 공덕은 십만억 부처님께 공양한 것과 같은 공덕이 있습니다.

如是示現神通力 (여시시현신통력)
衆妙宮神所了知 (중묘궁신소료지)
億劫修成不可思 (억겁수성불가사)
求其邊際莫能知 (구기변제막능지)
演法實相令歡喜 (연법실상령환희)
無盡光神所觀見 (무진광신소관견)
十方所有廣大衆 (시방소유광대중)

一切現前瞻仰佛
일체현전첨앙불

寂靜光明照世間
적정광명조세간

此妙焰神所能了
차묘염신소능료

牟尼出現諸世間
모니출현제세간

坐於一切宮殿中
좌어일체궁전중

普雨無邊廣大法
보우무변광대법

此十方神之境界
차시방신지경계

사경의 공덕은 십만억 부처님께 공양한 것과 같은 공덕이 있습니다.

諸佛智慧最甚深
제불지혜최심심

於法自在現世間
어법자재현세간

能悉闡明眞實理
능실천명진실리

威光悟此心欣慶
위광오차심흔경

諸見愚癡爲闇蓋
제견우치위암개

衆生迷惑常流轉
중생미혹상류전

佛爲開闡妙法門
불위개천묘법문

사경의 공덕은 십만억 부처님께 공양한 것과 같은 공덕이 있습니다.

此照方神能悟入
願門廣大不思議
力度修治已清淨
如昔願心皆出現
此震音神之所了
復次普興雲幢主水神得
平等利益一切衆生慈解脫

사경의 공덕은 십만억 부처님께 공양한 것과 같은 공덕이 있습니다.

門海潮雲音主水神得無邊
문해조운음주수신득무변

法莊嚴解脫門妙色輪髻主
법장엄해탈문묘색륜계주

水神得觀所應化方便普攝
수신득관소응화방편보섭

解脫門善巧漩澓主水神得
해탈문선교선복주수신득

普演諸佛甚深境界解脫門
보연제불심심경계해탈문

離垢香積主水神得普現清
이구향적주수신득보현청

淨大光明解脫門福橋光音
정대광명해탈문복교광음

사경의 공덕은 십만억 부처님께 공양한 것과 같은 공덕이 있습니다.

廣 광	普 보	道 도	善 선	得 득	性 성	主 주
大 대	現 현	場 량	音 음	無 무	解 해	水 수
福 복	威 위	中 중	主 주	盡 진	脫 탈	神 신
德 덕	光 광	爲 위	水 수	大 대	門 문	得 득
力 력	主 주	大 대	神 신	悲 비	知 지	淸 청
普 보	水 수	歡 환	得 득	海 해	足 족	淨 정
出 출	神 신	喜 희	於 어	解 해	自 자	法 법
現 현	得 득	藏 장	菩 보	脫 탈	在 재	界 계
解 해	以 이	解 해	薩 살	門 문	主 주	無 무
脫 탈	無 무	脫 탈	衆 중	淨 정	水 수	相 상
門 문	礙 애	門 문	會 회	喜 희	神 신	無 무

吼(후) 聲(성) 徧(변) 海(해) 主(주) 水(수) 神(신) 得(득) 觀(관) 察(찰) 一(일)
切(체) 衆(중) 生(생) 發(발) 起(기) 如(여) 虛(허) 空(공) 調(조) 伏(복) 方(방)
便(편) 解(해) 脫(탈) 門(문)
爾(이) 時(시) 普(보) 興(흥) 雲(운) 幢(당) 主(주) 水(수) 神(신) 承(승)
佛(불) 威(위) 力(력) 徧(변) 觀(관) 一(일) 切(체) 主(주) 水(수) 神(신) 衆(중)
而(이) 說(설) 頌(송) 言(언)
淸(청) 淨(정) 慈(자) 門(문) 刹(찰) 塵(진) 數(수)

共生如來一妙相
공생여래일묘상

一一諸相莫不然
일일제상막불연

是故見者無厭足
시고견자무염족

世尊往昔修行時
세존왕석수행시

普詣一切如來所
보예일체여래소

種種修治無懈倦
종종수치무해권

如是方便雲音入
여시방편운음입

佛於一切十方中
불어일체시방중

寂然不動無來去
적연부동무내거

應化衆生悉令見
응화중생실령견

此是髻輪之所知
차시계륜지소지

如來境界無邊量
여래경계무변량

一切衆生不能了
일체중생불능료

妙音演說偏十方
묘음연설변시방

此善漩神所行處
차선선신소행처

世尊光明無有盡
세존광명무유진

充徧法界不思議
충변법계불사의

說法敎化度衆生
설법교화도중생

此淨香神所觀見
차정향신소관견

如來淸淨等虛空
여래청정등허공

無相無形徧十方
무상무형변시방

而令衆會靡不見 (이령중회미불견)
此福光神善觀察 (차복광신선관찰)
佛昔修習大悲門 (불석수습대비문)
其心廣徧等衆生 (기심광변등중생)
是故如雲現於世 (시고여운현어세)
此解脫門知足了 (차해탈문지족료)
十方所有諸國土 (시방소유제국토)

悉見如來坐於座
실견여래좌어좌

朗然開悟大菩提
낭연개오대보리

如是喜音之所入
여시희음지소입

如來所行無罣礙
여래소행무괘애

徧往十方一切刹
변왕시방일체찰

處處示現大神通
처처시현대신통

普現威光已能悟
보현위광이능오

修習無邊方便行
수습무변방편행

等衆生界悉充滿
등중생계실충만

神通妙用靡暫停
신통묘용미잠정

吼聲徧海斯能入
후성변해사능입

復次出現寶光主海神得
부차출현보광주해신득

以等心施一切衆生福德海
이등심시일체중생복덕해

衆寶莊嚴身解脫門不可壞
중보장엄신해탈문불가괴

사경의 공덕은 십만억 부처님께 공양한 것과 같은 공덕이 있습니다.

金(금)剛(강)幢(당)主(주)海(해)神(신)得(득)巧(교)方(방)便(편)守(수)
護(호)一(일)切(체)衆(중)生(생)善(선)根(근)解(해)脫(탈)門(문)不(부)
雜(잡)塵(진)垢(구)主(주)海(해)神(신)得(득)能(능)竭(갈)一(일)切(체)
衆(중)生(생)煩(번)惱(뇌)海(해)解(해)脫(탈)門(문)恒(항)住(주)波(파)
浪(랑)主(주)海(해)神(신)得(득)令(령)一(일)切(체)衆(중)生(생)離(이)
惡(악)道(도)解(해)脫(탈)門(문)吉(길)祥(상)寶(보)月(월)主(주)海(해)
神(신)得(득)普(보)滅(멸)大(대)痴(치)暗(암)解(해)脫(탈)門(문)妙(묘)

主 주	性 성	光 광	諸 제	味 미	趣 취	華 화
海 해	菩 보	主 주	見 견	主 주	苦 고	龍 용
神 신	提 리	海 해	愚 우	海 해	與 여	髻 계
得 득	心 심	神 신	癡 치	神 신	安 안	主 주
不 부	解 해	得 득	性 성	得 득	樂 락	海 해
動 동	脫 탈	出 출	解 해	淨 정	解 해	神 신
心 심	門 문	生 생	脫 탈	治 치	脫 탈	得 득
功 공	金 금	一 일	門 문	一 일	門 문	滅 멸
德 덕	剛 강	切 체	寶 보	切 체	普 보	一 일
海 해	妙 묘	寶 보	焰 염	衆 중	持 지	切 체
解 해	髻 계	種 종	華 화	生 생	光 광	諸 제

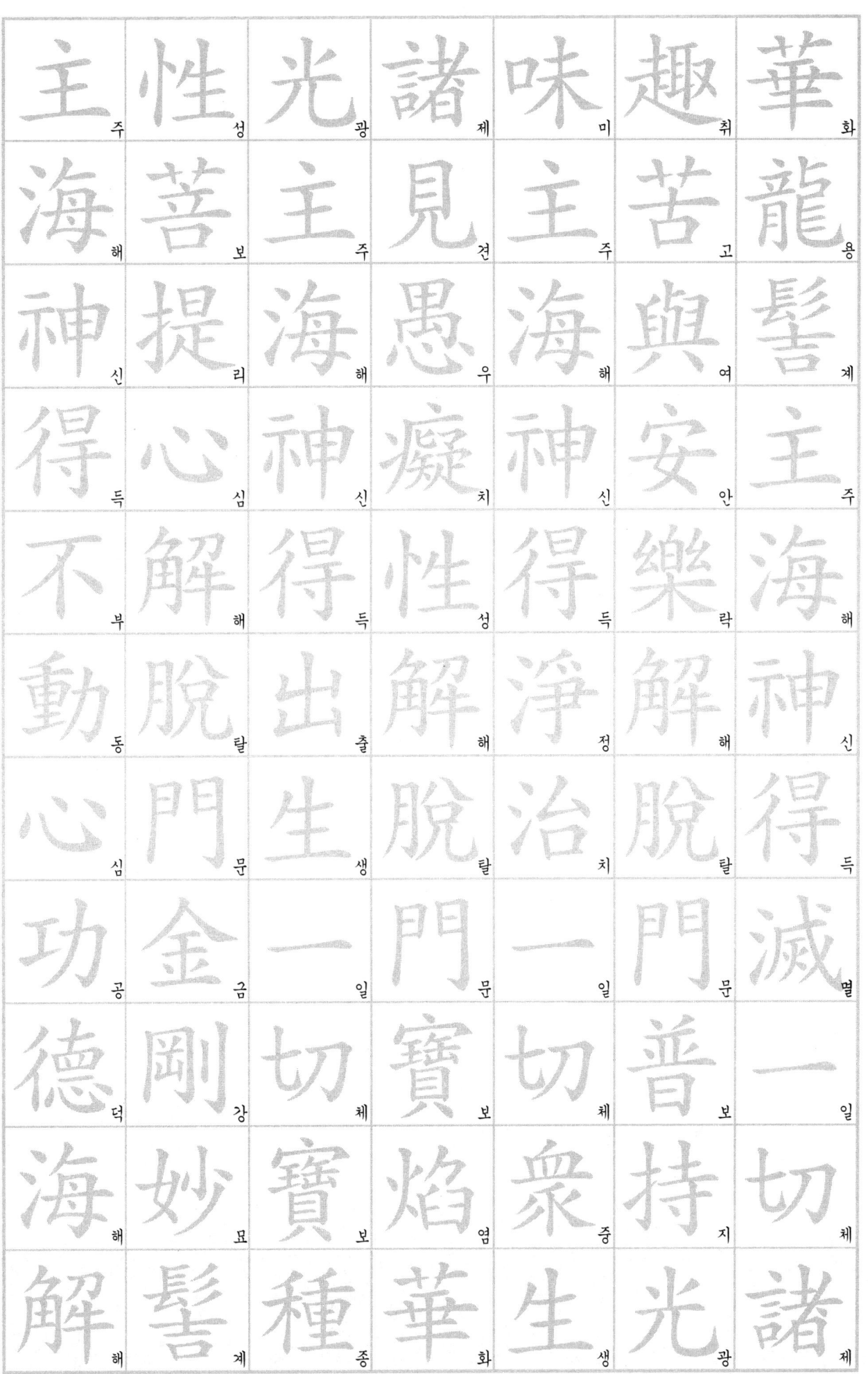

脫門海潮雷音主海神得普
탈문해조뢰음주해신득보

入法界三昧門解脫門
입법계삼매문해탈문

爾時出現寶光主海神承
이시출현보광주해신승

佛威力普觀一切主海神衆
불위력보관일체주해신중

而說頌言
이설송언

不可思議大劫海
불가사의대겁해

供養一切諸如來
공양일체제여래

普以功德施群生 (보이공덕시군생)
是故端嚴最無比 (시고단엄최무비)
一切世間皆出現 (일체세간개출현)
衆生根欲靡不知 (중생근욕미부지)
普爲弘宣大法海 (보위홍선대법해)
此是堅幢所欣悟 (차시견당소흔오)
一切衆生煩惱覆 (일체중생번뇌부)

流轉諸趣受衆苦 (유전제취수중고)
爲其開示如來境 (위기개시여래경)
普水宮神入此門 (보수궁신입차문)
佛於難思劫海中 (불어난사겁해중)
修行諸行無有盡 (수행제행무유진)
永截衆生癡惑網 (영절중생치혹망)
寶月於此能明入 (보월어차능명입)

佛見衆生常恐怖 (불견중생상공포)
流轉生死大海中 (유전생사대해중)
示彼如來無上道 (시피여래무상도)
龍髻悟解生欣悅 (용계오해생흔열)
諸佛境界不思議 (제불경계불사의)
法界虛空平等相 (법계허공평등상)
能淨衆生癡惑網 (능정중생치혹망)

如是持味能宣說 (여시지미능선설)
佛眼清淨不思議 (불안청정불사의)
一切境界悉該覽 (일체경계실해람)
普示衆生諸妙道 (보시중생제묘도)
此是華光心所悟 (차시화광심소오)
魔軍廣大無央數 (마군광대무앙수)
一刹那中悉摧滅 (일찰나중실최멸)

心無傾動難測量
심무경동난측량

金剛妙髻之方便
금강묘계지방편

普於十方演妙音
보어시방연묘음

其音法界靡不周
기음법계미부주

此是如來三昧境
여시여래삼매경

海潮音神所行處
해조음신소행처

復次普發迅流主河神得
부차보발신류주하신득

普雨無邊法雨解脫門普潔
보우무변법우해탈문보결

泉澗主河神得普現一切衆
천간주하신득보현일체중

生前令永離煩惱解脫門離
생전령영이번뇌해탈문이

塵淨眼主河神得以大悲方
진정안주하신득이대비방

便普滌一切衆生諸惑塵垢
편보척일체중생제혹진구

解脫門十方徧吼主河神得
해탈문시방변후주하신득

恒出饒益衆生音解脫門普
항출요익중생음해탈문보

救(구) 護(호) 衆(중) 生(생) 主(주) 河(하) 神(신) 得(득) 於(어) 一(일) 切(체)
含(함) 識(식) 中(중) 恒(항) 起(기) 無(무) 惱(뇌) 害(해) 慈(자) 解(해) 脫(탈)
門(문) 無(무) 熱(열) 淨(정) 光(광) 主(주) 河(하) 神(신) 得(득) 普(보) 示(시)
一(일) 切(체) 清(청) 涼(량) 善(선) 根(근) 解(해) 脫(탈) 門(문) 普(보) 生(생)
歡(환) 喜(희) 主(주) 河(하) 神(신) 得(득) 修(수) 行(행) 具(구) 足(족) 施(시)
令(령) 一(일) 切(체) 衆(중) 生(생) 永(영) 離(리) 慳(간) 着(착) 解(해) 脫(탈)
門(문) 廣(광) 德(덕) 勝(승) 幢(당) 主(주) 河(하) 神(신) 得(득) 作(작) 一(일)

切(체)歡(환)喜(희)福(복)田(전)解(해)脫(탈)門(문)光(광)照(조)普(보)

世(세)主(주)河(하)神(신)得(득)能(능)令(령)一(일)切(체)衆(중)生(생)

雜(잡)染(염)者(자)淸(청)淨(정)瞋(진)毒(독)者(자)歡(환)喜(희)解(해)

脫(탈)門(문)海(해)德(덕)光(광)明(명)主(주)河(하)神(신)得(득)能(능)

令(령)一(일)切(체)衆(중)生(생)入(입)解(해)脫(탈)海(해)恒(항)受(수)

具(구)足(족)樂(락)解(해)脫(탈)門(문)

爾(이)時(시)普(보)發(발)迅(신)流(류)主(주)河(하)神(신)承(승)

佛威力徧觀一切主河神衆
불위력변관일체주하신중

而說頌言
이설송언

如來往昔爲衆生
여래왕석위중생

修治法海無邊行
수치법해무변행

譬如霈澤淸炎暑
비여패택청염서

普滅衆生煩惱熱
보멸중생번뇌열

佛昔難宣無量劫
불석난선무량겁

사경의 공덕은 십만억 부처님께 공양한 것과 같은 공덕이 있습니다.

以願光明淨世間
이원광명정세간

諸根熟者令悟道
제근숙자령오도

此普潔神心所悟
차보결신심소오

大悲方便等衆生
대비방편등중생

悉現其前常化誘
실현기전상화유

普使淨治煩惱垢
보사정치번뇌구

淨眼見此深歡悅
정안견차심환열

佛(불)演(연)妙(묘)音(음)普(보)使(사)聞(문)
衆(중)生(생)愛(애)樂(락)心(심)歡(환)喜(희)
悉(실)使(사)滌(척)除(제)無(무)量(량)苦(고)
此(차)徧(변)吼(후)神(신)之(지)解(해)脫(탈)
佛(불)昔(석)修(수)習(습)菩(보)提(리)行(행)
爲(위)利(리)衆(중)生(생)無(무)量(량)劫(겁)
是(시)故(고)光(광)明(명)徧(변)世(세)間(간)

護神憶念生歡喜 (호신억념생환희)
佛昔修行爲衆生 (불석수행위중생)
種種方便令成熟 (종종방편령성숙)
普淨福海除衆苦 (보정복해제중고)
無熱見此心欣慶 (무열견차심흔경)
施門廣大無窮盡 (시문광대무궁진)
一切衆生咸利益 (일체중생함이익)

能令見者無慳着 (능령견자무간착)
此普喜神之所悟 (차보희신지소오)
佛昔修行實方便 (불석수행실방편)
成就無邊功德海 (성취무변공덕해)
能令見者靡不欣 (능령견자미불흔)
此勝幢神心悟悅 (차승당신심오열)
衆生有垢咸淨治 (중생유구함정치)

一切怨害等生慈
일체원해등생자

故得光照滿虛空
고득광조만허공

普世河神見歡喜
보세하신견환희

佛是福田功德海
불시복전공덕해

能令一切離諸惡
능령일체이제악

乃至成就大菩提
내지성취대보리

此海光神之解脫
차해광신지해탈

사경의 공덕은 십만억 부처님께 공양한 것과 같은 공덕이 있습니다.

復부 次차 柔유 軟연 勝승 味미 主주 稼가 神신 得득
與여 一일 切체 衆중 生생 法법 滋자 味미 令령 成성 就취
佛불 身신 解해 脫탈 門문 時시 華화 淨정 光광 主주 稼가
神신 得득 能능 令령 一일 切체 衆중 生생 受수 廣광 大대
喜희 樂락 解해 脫탈 門문 色색 力력 勇용 健건 主주 稼가
神신 得득 以이 一일 切체 圓원 滿만 法법 門문 淨정 諸제
境경 界계 解해 脫탈 門문 增증 益익 精정 氣기 主주 稼가

神(신)得(득)見(견)佛(불)大(대)悲(비)無(무)量(량)神(신)通(통)變(변)

化(화)力(력)解(해)脫(탈)門(문)普(보)生(생)根(근)果(과)主(주)稼(가)

神(신)得(득)普(보)現(현)佛(불)福(복)田(전)令(령)下(하)種(종)無(무)

失(실)壞(괴)解(해)脫(탈)門(문)妙(묘)嚴(엄)環(환)髻(계)主(주)稼(가)

神(신)得(득)普(보)發(발)衆(중)生(생)淨(정)信(신)華(화)解(해)脫(탈)

門(문)潤(윤)澤(택)淨(정)華(화)主(주)稼(가)神(신)得(득)大(대)慈(자)

愍(민)濟(제)諸(제)衆(중)生(생)令(령)增(증)長(장)福(복)德(덕)海(해)

사경의 공덕은 십만억 부처님께 공양한 것과 같은 공덕이 있습니다.

善 선	明 명	諸 제	一 일	者 자	廣 광	解 해
根 근	主 주	惡 악	切 체	愛 애	開 개	脫 탈
隨 수	稼 가	普 보	衆 중	樂 락	示 시	門 문
應 응	神 신	淸 청	生 생	主 주	一 일	成 성
說 설	得 득	淨 정	捨 사	稼 가	切 체	就 취
法 법	觀 관	解 해	離 리	神 신	行 행	妙 묘
令 령	察 찰	脫 탈	懈 해	得 득	法 법	香 향
衆 중	一 일	門 문	怠 태	能 능	解 해	主 주
會 회	切 체	離 이	憂 우	令 령	脫 탈	稼 가
歡 환	衆 중	垢 구	惱 뇌	法 법	門 문	神 신
喜 희	生 생	光 광	等 등	界 계	見 견	得 득

滿足解脫門(만족해탈문)

爾時柔軟勝味主稼神承(이시유연승미주가신승)

佛威力徧觀一切主稼神衆(불위력변관일체주가신중)

而說頌言(이설송언)

如來無上功德海(여래무상공덕해)

普現明燈照世間(보현명등조세간)

一切衆生咸救護(일체중생함구호)

悉與安樂無遺者
世尊功德無有邊
衆生聞者不唐捐
悉使離苦常歡喜
此是時華之所入
善逝諸力皆圓滿
功德莊嚴現世間

사경의 공덕은 십만억 부처님께 공양한 것과 같은 공덕이 있습니다.

一切衆生悉調伏
일체중생실조복

此法勇力能明證
차법용력능명증

佛昔修治大悲海
불석수치대비해

其心念念等世間
기심념념등세간

是故神通無有邊
시고신통무유변

增益精氣能觀見
증익정기능관견

佛徧世間常現前
불변세간상현전

一切方便無空過 (일체방편무공과)
悉淨衆生諸惑惱 (실정중생제혹뇌)
此普生神之解脫 (차보생신지해탈)
佛是世間大智海 (불시세간대지해)
放淨光明無不徧 (방정광명무불변)
廣大信解悉從生 (광대신해실종생)
如是嚴髻能明入 (여시엄계능명입)

如來觀世起慈心
여래관세기자심

爲利衆生而出現
위리중생이출현

示彼恬怡最勝道
시피념이최승도

此淨華神之解脫
차정화신지해탈

善逝所修淸淨行
선서소수청정행

菩提樹下具宣說
보리수하구선설

如是敎化滿十方
여시교화만시방

此妙香神能聽受 (차묘향신능청수)

佛於一切諸世間 (불어일체제세간)

悉使離憂生大喜 (실사리우생대희)

所有根欲皆治淨 (소유근욕개치정)

可愛樂神斯悟入 (가애락신사오입)

如來出現於世間 (여래출현어세간)

普觀衆生心所樂 (보관중생심소락)

門 문	攝 섭	門 문	一 일			
離 리	衆 중	栴 전	切 체	復 부		
塵 진	生 생	檀 단	衆 중	次 차	此 차	種 종
光 광	俾 비	林 림	生 생	吉 길	淨 정	種 종
明 명	見 견	主 주	心 심	祥 상	光 광	方 방
主 주	者 자	藥 약	而 이	主 주	神 신	便 편
藥 약	無 무	神 신	勤 근	藥 약	解 해	而 이
神 신	空 공	得 득	攝 섭	神 신	脫 탈	成 성
得 득	過 과	以 이	取 취	得 득	門 문	熟 숙
能 능	解 해	光 광	解 해	普 보		
以 이	脫 탈	明 명	脫 탈	觀 관		

治 치	脫 탈	大 대	解 해	以 이	脫 탈	淨 정
一 일	門 문	悲 비	脫 탈	大 대	門 문	方 방
切 체	破 파	幢 당	門 문	名 명	名 명	便 편
盲 맹	闇 암	速 속	毛 모	稱 칭	稱 칭	滅 멸
冥 명	淸 청	赴 부	孔 공	增 증	普 보	一 일
衆 중	淨 정	一 일	現 현	長 장	聞 문	切 체
生 생	主 주	切 체	光 광	無 무	主 주	衆 중
令 영	藥 약	病 병	主 주	邊 변	藥 약	生 생
智 지	神 신	境 경	藥 약	善 선	神 신	煩 번
眼 안	得 득	界 계	神 신	根 근	得 득	惱 뇌
淸 청	療 료	解 해	得 득	海 해	能 능	解 해

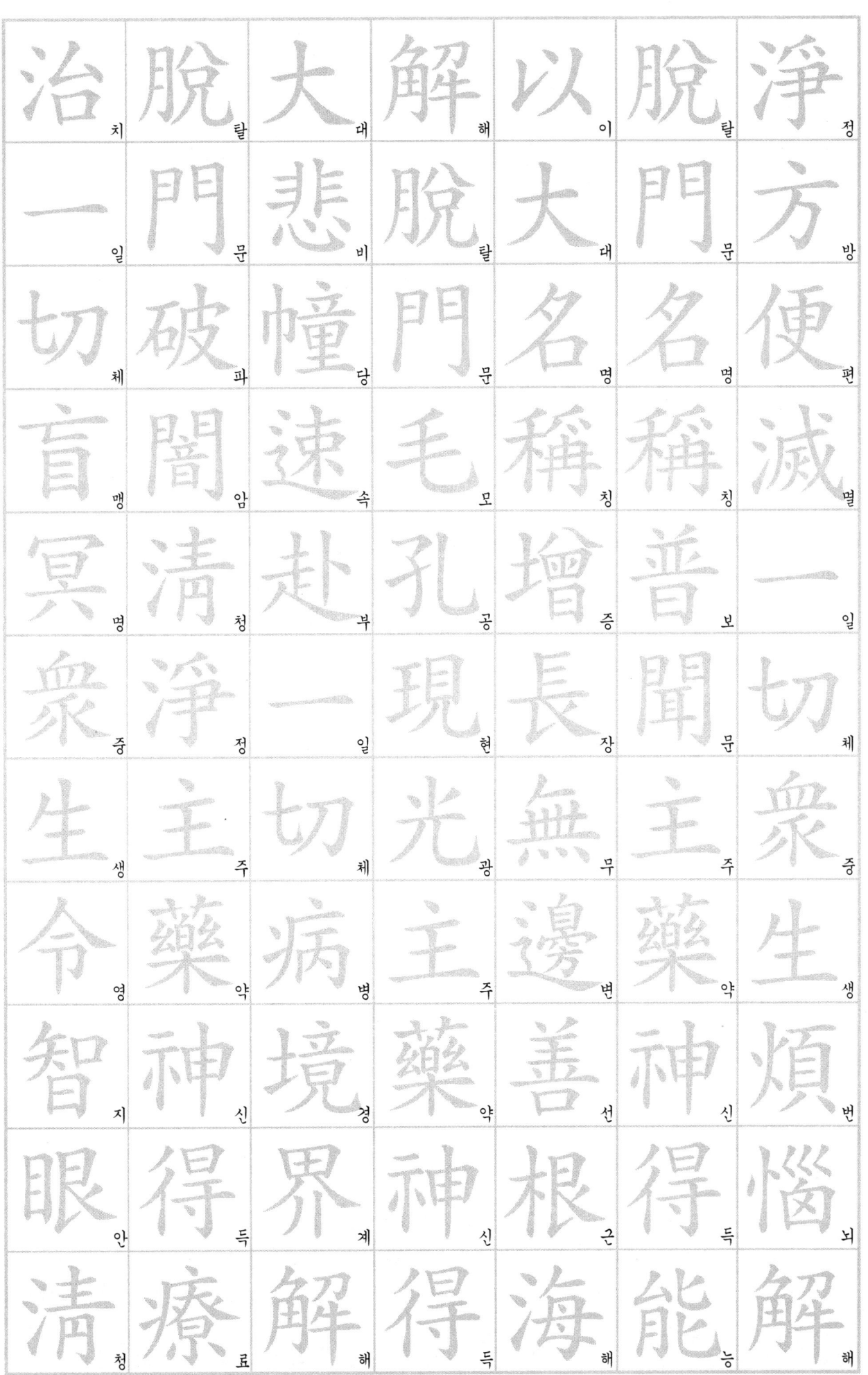

淨解脫門普發吼聲主藥神
정해탈문보발후성주약신

得能演佛音說諸法差別義
득능연불음설제법차별의

解脫門蔽日光幢主藥神得
해탈문폐일광당주약신득

能作一切衆生善知識令見
능작일체중생선지식령견

者咸生善根解脫門明見十
자함생선근해탈문명견시

方主藥神得淸淨大悲藏能
방주약신득청정대비장능

以方便令生信解解脫門普
이방편령생신해해탈문보

發威光主藥神得方便令念
발위광주약신득방편령념

佛滅一切衆生病解脫門
불멸일체중생병해탈문

爾時吉祥主藥神承佛威
이시길상주약신승불위

力徧觀一切主藥神衆而說
력변관일체주약신중이설

頌言
송언

如來智慧不思議
여래지혜불사의

悉知一切衆生心
실지일체중생심

能以種種方便力 (능이종종방편력)
滅彼群迷無量苦 (멸피군미무량고)
大雄善巧難測量 (대웅선교난측량)
凡有所作無空過 (범유소작무공과)
必使衆生諸苦滅 (필사중생제고멸)
栴檀林神能悟此 (전단림신능오차)
汝觀諸佛法如是 (여관제불법여시)

往悉勤修無量劫
왕 실 근 수 무 량 겁

而於諸有無所着
이 어 제 유 무 소 착

此離塵光所入門
차 리 진 광 소 입 문

佛百千劫難可遇
불 백 천 겁 난 가 우

若有得見及聞名
약 유 득 견 급 문 명

必令獲益無空過
필 령 획 익 무 공 과

此普稱神之所了
차 보 칭 신 지 소 료

如來一一毛孔中
여래일일모공중

悉放光明滅衆患
실방광명멸중환

世間煩惱皆令盡
세간번뇌개령진

此現光神所入門
차현광신소입문

一切衆生癡所盲
일체중생치소맹

惑業衆苦無量別
혹업중고무량별

佛悉蠲除開智照
불실견제개지조

如是破闇能觀見
여시파암능관견

如來一音無限量
여래일음무한량

能開一切法門海
능개일체법문해

衆生聽者悉了知
중생청자실요지

此是大音之解脫
차시대음지해탈

汝觀佛智難思議
여관불지난사의

普現諸趣救群生
보현제취구군생

能令見者皆從化
능령견자개종화

此蔽日幢深悟了
차폐일당심오료

如來大悲方便海
여래대비방편해

爲利世間而出現
위리세간이출현

廣開正道示衆生
광개정도시중생

此見方神能了達
차견방신능료달

如來普放大光明
여래보방대광명

一切十方無不照 (일체시방무부조)

令隨念佛生功德 (영수념불생공덕)

此發威光解脫門 (차발위광해탈문)

復次布華如雲主林神得 (부차포화여운주림신득)

廣大無邊智海藏解脫門 (광대무변지해장해탈문)

擢幹舒光主林神得廣大修治 (탁간서광주림신득광대수치)

普清淨解脫門 (보청정해탈문)

生芽發耀主 (생아발요주)

林神得增長種種淨信芽解
림신득증장종종정신아해

脫門吉祥淨葉主林神得一
탈문길상정엽주림신득일

切淸淨功德莊嚴聚解脫門
체청정공덕장엄취해탈문

垂布焰藏主林神得普門淸
수포염장주림신득보문청

淨慧恒周覽法界解脫門妙
정혜항주람법계해탈문묘

莊嚴光主林神得普知一切
장엄광주림신득보지일체

衆生行海而興布法雲解脫
중생행해이흥포법운해탈

門可意雷聲主林神得忍受
문가의뢰성주림신득인수

一切不可意聲演淸淨音解
일체불가의성연청정음해

脫門香光普徧主林神得十
탈문향광보변주림신득시

方普現昔所修治廣大行境
방보현석소수치광대행경

界解脫門妙光迥耀主林神
계해탈문묘광형요주림신

得以一切功德法饒益世間
득이일체공덕법요익세간

解脫門華果光味主林神得
해탈문화과광미주림신득

사경의 공덕은 십만억 부처님께 공양한 것과 같은 공덕이 있습니다.

能令一切見佛出興常敬念
능령일체견불출흥상경념

不忘莊嚴功德藏解脫門
불망장엄공덕장해탈문

爾時布華如雲主林神承
이시포화여운주림신승

佛威力普觀一切主林神衆
불위력보관일체주림신중

而說頌言
이설송언

佛昔修集菩提行
불석수집보리행

福德智慧悉成滿
복덕지혜실성만

一切諸力皆具足
일체제력개구족

放大光明出世間
방대광명출세간

悲門無量等衆生
비문무량등중생

如來往昔普淨治
여래왕석보정치

是故於世能爲益
시고어세능위익

此擢幹神之所了
차탁간신지소료

若有衆生一見佛
약유중생일견불

必使入於深信海
필사입어심신해

普示一切如來道
보시일체여래도

此妙芽神之解脫
차묘아신지해탈

一毛所集諸功德
일모소집제공덕

劫海宣揚不可盡
겁해선양불가진

諸佛方便難思議
제불방편난사의

淨葉能明此深義
정엽능명차심의

我念如來於往昔
아념여래어왕석

供養剎塵無量佛
공양찰진무량불

一一佛所智漸明
일일불소지점명

此焰藏神之所了
차염장신지소료

一切衆生諸行海
일체중생제행해

世尊一念悉了知
세존일념실료지

如是廣大無礙智
여시광대무애지

妙莊嚴神能悟入
묘장엄신능오입

恒演如來寂妙音
항연여래적묘음

普生無等大歡喜
보생무등대환희

隨其解欲皆令悟
수기해욕개령오

此是雷音所行法
차시뇌음소행법

如來示現大神通
여래시현대신통

十方國土皆周徧
시방국토개주변

佛昔修行悉令見
불석수행실령견

此普香光所入門
차보향광소입문

衆生譣詖不修德
중생험피불수덕

迷惑沈流生死中
미혹침류생사중

爲彼闡明衆智道
위피천명중지도

此妙光神之所見
차묘광신지소견

佛爲業障諸衆生
불위업장제중생

成 성	妙 묘	入 입				
熟 숙	髻 계	大 대	復 부			
不 불	主 주	寂 적	次 차	此 차	其 기	經 경
可 가	山 산	定 정	寶 보	味 미	餘 여	於 어
思 사	神 신	光 광	峰 봉	光 광	念 념	億 억
議 의	得 득	明 명	開 개	神 신	念 념	劫 겁
數 수	修 수	解 해	華 화	所 소	常 상	時 시
衆 중	集 집	脫 탈	主 주	觀 관	令 령	乃 내
生 생	慈 자	門 문	山 산	察 찰	見 견	現 현
解 해	善 선	華 화	神 신			
脫 탈	根 근	林 림	得 득			

사경의 공덕은 십만억 부처님께 공양한 것과 같은 공덕이 있습니다.

大 대	無 무	脫 탈	無 무	解 해	一 일	門 문
力 력	邊 변	門 문	邊 변	脫 탈	切 체	高 고
光 광	功 공	光 광	劫 겁	門 문	衆 중	幢 당
明 명	德 덕	照 조	海 해	離 리	生 생	普 보
主 주	光 광	十 시	勤 근	塵 진	心 심	照 조
山 산	普 보	方 방	精 정	寶 보	所 소	主 주
神 신	覺 각	主 주	進 진	髻 계	樂 락	山 산
得 득	悟 오	山 산	無 무	主 주	嚴 엄	神 신
能 능	解 해	神 신	厭 염	山 산	淨 정	得 득
自 자	脫 탈	得 득	怠 태	神 신	諸 제	觀 관
成 성	門 문	以 이	解 해	得 득	根 근	察 찰

熟復令衆生捨離愚迷行解
숙부령중생사리우미행해

脫門威光普勝主山神得拔
탈문위광보승주산신득발

一切苦使無有餘解脫門微
일체고사무유여해탈문미

密光輪主山神得演敎法光
밀광륜주산신득연교법광

明顯示一切如來功德解脫
명현시일체여래공덕해탈

門普眼現見主山神得令一
문보안현견주산신득령일

切衆生乃至於夢中增長善
체중생내지어몽중증장선

사경의 공덕은 십만억 부처님께 공양한 것과 같은 공덕이 있습니다.

根解脫門金剛堅固眼主山
근해탈문금강견고안주산

神得出現無邊大義海解脫
신득출현무변대의해해탈

門
문

爾時開華帀地主山神承
이시개화잡지주산신승

佛威力普觀一切主山神衆
불위력보관일체주산신중

而說頌言
이설송언

往修勝行無有邊
왕수승행무유변

今獲神通亦無量
금획신통역무량

法門廣闢如塵數
법문광벽여진수

悉使衆生深悟喜
실사중생심오희

衆相嚴身偏世間
중상엄신변세간

毛孔光明悉清淨
모공광명실청정

大慈方便示一切
대자방편시일체

華林妙髻悟此門
화림묘계오차문

사경의 공덕은 십만억 부처님께 공양한 것과 같은 공덕이 있습니다.

佛(불)身(신)普(보)現(현)無(무)有(유)邊(변)

十(시)方(방)世(세)界(계)皆(개)充(충)滿(만)

諸(제)根(근)嚴(엄)淨(정)見(견)者(자)喜(희)

此(차)法(법)高(고)幢(당)能(능)悟(오)入(입)

歷(역)劫(겁)勤(근)修(수)無(무)懈(해)倦(권)

不(불)染(염)世(세)法(법)如(여)虛(허)空(공)

種(종)種(종)方(방)便(편)化(화)群(군)生(생)

悟此法門名寶髻 (오차법문명보계)

衆生盲闇入險道 (중생맹암입험도)

佛哀愍彼舒光照 (불애민피서광조)

普使世間從睡覺 (보사세간종수각)

威光悟此心生喜 (위광오차심생희)

昔在諸有廣修行 (석재제유광수행)

供養剎塵無數佛 (공양찰진무수불)

令衆生見發大願 (영중생견발대원)
此地大力能明入 (차지대력능명입)
見諸衆生流轉苦 (견제중생류전고)
一切業障恒纏覆 (일체업장항전복)
以智慧光悉滅除 (이지혜광실멸제)
此普勝神之解脫 (차보승신지해탈)
一一毛孔出妙音 (일일모공출묘음)

사경의 공덕은 십만억 부처님께 공양한 것과 같은 공덕이 있습니다.

隨衆生心讚諸佛
수중생심찬제불

悉徧十方無量劫
실변시방무량겁

此是光輪所入門
차시광륜소입문

佛徧十方普現前
불변시방보현전

種種方便說妙法
종종방편설묘법

廣益衆生諸行海
광익중생제행해

此現見神之所悟
차현견신지소오

法門如海無邊量 (법문여해무변량)
一音爲說悉令解 (일음위설실령해)
一切劫中演不窮 (일체겁중연불궁)
入此方便金剛目 (입차방편금강목)
復次普德淨華主地神得 (부차보덕정화주지신득)
以慈悲心念念普觀一切衆 (이자비심념념보관일체중)
生解脫門堅福莊嚴主地神 (생해탈문견복장엄주지신)

神 신	障 장	修 수	解 해	入 입	脫 탈	得 득
得 득	垢 구	習 습	脫 탈	諸 제	門 문	普 보
令 령	解 해	種 종	門 문	法 법	妙 묘	現 현
一 일	脫 탈	種 종	普 보	出 출	華 화	一 일
切 체	門 문	諸 제	散 산	生 생	嚴 엄	切 체
衆 중	淨 정	三 삼	衆 중	一 일	樹 수	衆 중
生 생	目 목	昧 매	寶 보	切 체	主 주	生 생
常 상	觀 관	令 령	主 주	佛 불	地 지	福 복
遊 유	時 시	衆 중	地 지	刹 찰	神 신	德 덕
戲 희	主 주	生 생	神 신	莊 장	得 득	力 력
快 쾌	地 지	除 제	得 득	嚴 엄	普 보	解 해

사경의 공덕은 십만억 부처님께 공양한 것과 같은 공덕이 있습니다.

樂(락) 解(해) 脫(탈) 門(문) 金(금) 色(색) 妙(묘) 眼(안) 主(주) 地(지) 神(신)
得(득) 示(시) 現(현) 一(일) 切(체) 淸(청) 淨(정) 身(신) 調(조) 伏(복) 衆(중)
生(생) 解(해) 脫(탈) 門(문) 香(향) 毛(모) 發(발) 光(광) 主(주) 地(지) 神(신)
得(득) 了(료) 知(지) 一(일) 切(체) 佛(불) 功(공) 德(덕) 海(해) 大(대) 威(위)
力(력) 解(해) 脫(탈) 門(문) 寂(적) 音(음) 悅(열) 意(의) 主(주) 地(지) 神(신)
得(득) 普(보) 攝(섭) 持(지) 一(일) 切(체) 衆(중) 生(생) 言(언) 音(음) 海(해)
解(해) 脫(탈) 門(문) 妙(묘) 華(화) 旋(선) 髻(계) 主(주) 地(지) 神(신) 得(득)

사경의 공덕은 십만억 부처님께 공양한 것과 같은 공덕이 있습니다.

充滿佛剎離垢性解脫門金 (충만불찰이구성해탈문금)
剛普持主地神得一切佛法 (강보지주지신득일체불법)
輪所攝持普出現解脫門 (륜소섭지보출현해탈문)
爾時普德淨華主地神承 (이시보덕정화주지신승)
佛威力普觀一切主地神衆 (불위력보관일체주지신중)
而說頌言 (이설송언)
如來往昔念念中 (여래왕석념념중)

大慈悲門不可說
대자비문불가설

如是修行無有已
여시수행무유이

故得堅牢不壞身
고득견뢰불괴신

三世衆生及菩薩
삼세중생급보살

所有一切衆福聚
소유일체중복취

悉現如來毛孔中
실현여래모공중

福嚴見已生歡喜
복엄견이생환희

廣大寂靜三摩地
광대적정삼마지

不生不滅無來去
불생불멸무래거

嚴淨國土示衆生
엄정국토시중생

此樹華神之解脫
차수화신지해탈

佛於往昔修諸行
불어왕석수제행

爲令衆生消重障
위령중생소중장

普散衆寶主地神
보산중보주지신

사경의 공덕은 십만억 부처님께 공양한 것과 같은 공덕이 있습니다.

見此解脫生歡喜
견차해탈생환희

如來境界無邊際
여래경계무변제

念念普現於世間
염념보현어세간

淨目觀時主地神
정목관시주지신

見佛所行心慶悅
견불소행심경열

妙音無限不思議
묘음무한불사의

普爲衆生滅煩惱
보위중생멸번뇌

金色眼神能了悟 (금색안신능료오)

見佛無邊勝功德 (견불무변승공덕)

一切色形皆化現 (일체색형개화현)

十方法界悉充滿 (시방법계실충만)

香毛發光常見佛 (향모발광상견불)

如是普化諸衆生 (여시보화제중생)

妙音普徧於十方 (묘음보변어시방)

無(무)量(량)劫(겁)中(중)爲(위)衆(중)說(설)
悅(열)意(의)地(지)神(신)心(심)了(료)達(달)
從(종)佛(불)得(득)聞(문)深(심)敬(경)喜(희)
佛(불)毛(모)孔(공)出(출)香(향)焰(염)雲(운)
隨(수)衆(중)生(생)心(심)偏(변)世(세)間(간)
一(일)切(체)見(견)者(자)皆(개)成(성)熟(숙)
此(차)是(시)華(화)旋(선)所(소)觀(관)處(처)

宮 궁	方 방					
殿 전	便 편	復 부				
主 주	利 이	次 차	普 보	佛 불	不 불	堅 견
城 성	益 익	寶 보	持 지	身 신	可 가	固 고
神 신	衆 중	峰 봉	得 득	如 여	傾 경	難 난
得 득	生 생	光 광	見 견	是 시	動 동	壞 괴
知 지	解 해	耀 요	生 생	處 처	踰 유	如 여
衆 중	脫 탈	主 주	歡 환	世 세	須 수	金 금
生 생	門 문	城 성	喜 희	間 간	彌 미	剛 강
根 근	妙 묘	神 신				
교	嚴 엄	得 득				

明 명	普 보	解 해	主 주	受 수	城 성	化 화
現 현	明 명	脫 탈	城 성	諸 제	神 신	成 성
主 주	了 료	門 문	神 신	福 복	得 득	熟 숙
城 성	大 대	華 화	得 득	德 덕	常 상	解 해
神 신	智 지	燈 등	救 구	解 해	歡 환	脫 탈
得 득	慧 혜	焰 염	諸 제	脫 탈	喜 희	門 문
普 보	解 해	眼 안	怖 포	門 문	令 령	清 청
方 방	脫 탈	主 주	畏 외	離 이	一 일	淨 정
便 편	門 문	城 성	大 대	憂 우	切 체	喜 희
示 시	焰 염	神 신	悲 비	清 청	衆 중	寶 보
現 현	幢 당	得 득	藏 장	淨 정	生 생	主 주

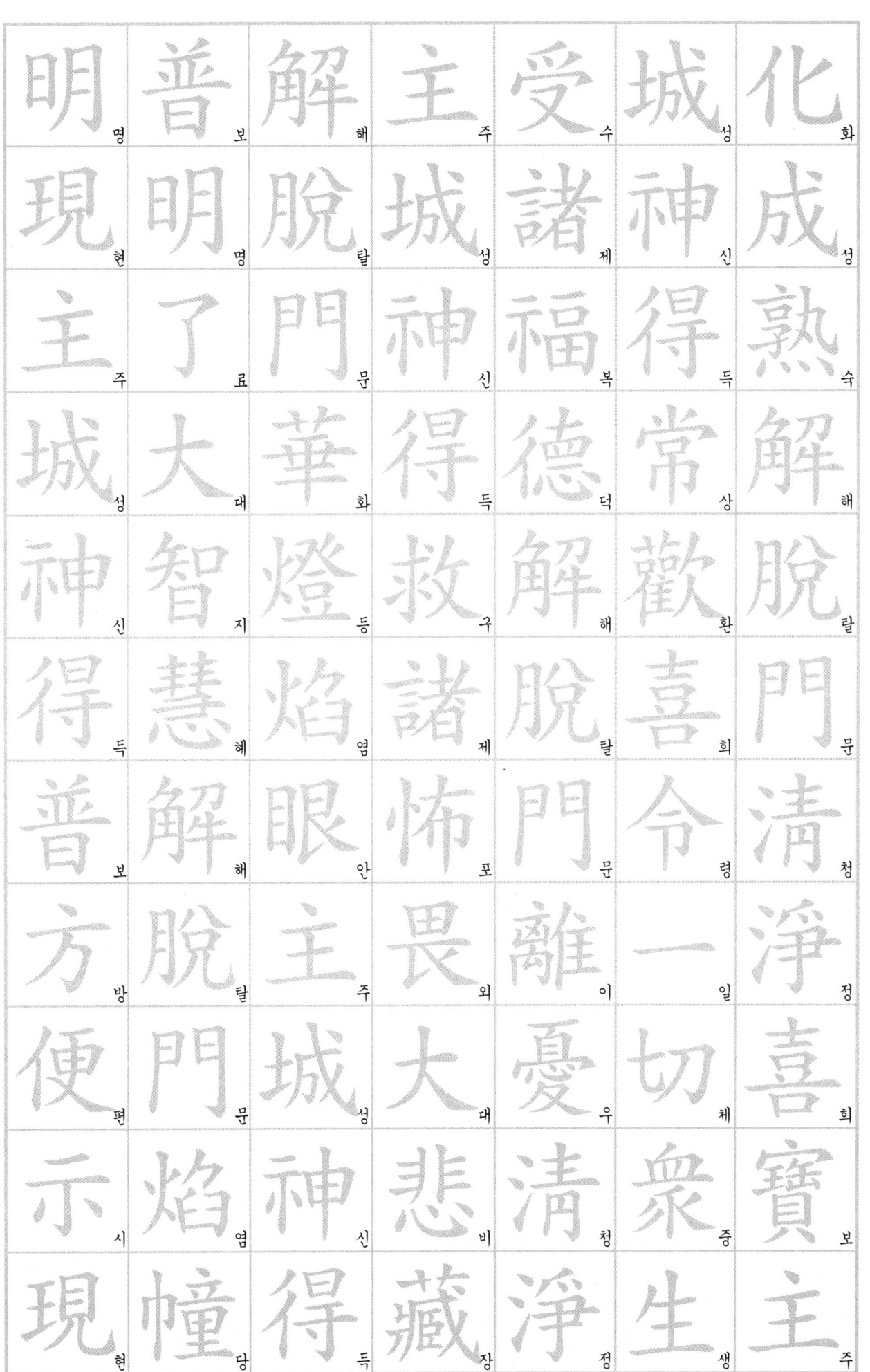

解脫門盛福威光主城神得
해탈문성복위광주성신득

普觀察一切衆生令修廣大
보관찰일체중생령수광대

福德海解脫門淨光明身主
복덕해해탈문정광명신주

城神得開悟一切愚暗衆生
성신득개오일체우암중생

解脫門寶峰光目主城神得
해탈문보봉광목주성신득

能以大光明破一切衆生障
능이대광명파일체중생장

礙山解脫門
애산해탈문

爾時寶峰光耀主城神承佛威力普觀一切主城神衆而說頌言

導師如是不思議
光明徧照於十方
衆生現前悉見佛
教化成熟無央數

諸衆生根各差別 (제중생근각차별)

佛悉了知無有餘 (불실료지무유여)

妙嚴宮殿主城神 (묘엄궁전주성신)

入此法門心慶悅 (입차법문심경열)

如來無量劫修行 (여래무량겁수행)

護持往昔諸佛法 (호지왕석제불법)

意常承奉生歡喜 (의상승봉생환희)

妙寶城神悟此門 (묘보성신오차문)
如來昔已能除遣 (여래석이능제견)
一切衆生諸恐怖 (일체중생제공포)
而恒於彼起慈悲 (이항어피기자비)
此離憂神心悟喜 (차리우신심오희)
佛智廣大無有邊 (불지광대무유변)
譬如虛空不可量 (비여허공불가량)

華目城神斯悟悅 (화목성신사오열)
能學如來之妙慧 (능학여래지묘혜)
如來色相等衆生 (여래색상등중생)
隨其樂欲皆令見 (수기락욕개령견)
焰幢明現心能悟 (염당명현심능오)
習此方便生歡喜 (습차방편생환희)
如來往修衆福海 (여래왕수중복해)

清淨廣大無邊際
청정광대무변제

福德幢光於此門
복덕당광어차문

觀察了悟心欣慶
관찰요오심흔경

衆生愚迷諸有中
중생우미제유중

如世生盲卒無覩
여세생맹졸무도

佛爲利益興於世
불위이익흥어세

清淨光神入此門
청정광신입차문

如(여)來(래)自(자)在(재)無(무)有(유)邊(변)

如(여)雲(운)普(보)遍(변)於(어)世(세)間(간)

乃(내)至(지)現(현)夢(몽)令(령)調(조)伏(복)

此(차)是(시)香(향)幢(당)所(소)觀(관)見(견)

衆(중)生(생)癡(치)闇(암)如(여)盲(맹)瞽(고)

種(종)種(종)障(장)蓋(개)所(소)纏(전)覆(복)

佛(불)光(광)照(조)徹(철)普(보)令(령)開(개)

如是寶峰之所入
여시보봉지소입

復次淨莊嚴幢道場神得
부차정장엄당도량신득

出現供養佛廣大莊嚴具誓
출현공양불광대장엄구서

願力解脫門須彌寶光道場
원력해탈문수미보광도량

神得現一切衆生前成就廣
신득현일체중생전성취광

大菩提行解脫門雷音幢相
대보리행해탈문뇌음당상

道場神得隨一切衆生心所
도량신득수일체중생심소

神 신	成 성	現 현	脫 탈	雨 우	脫 탈	樂 락
得 득	熟 숙	妙 묘	門 문	一 일	門 문	令 령
隨 수	解 해	莊 장	淸 청	切 체	雨 우	見 견
根 근	脫 탈	嚴 엄	淨 정	難 난	華 화	佛 불
說 설	門 문	道 도	焰 염	捨 사	妙 묘	於 어
法 법	華 화	場 량	形 형	衆 중	眼 안	夢 몽
令 령	纓 영	廣 광	道 도	寶 보	道 도	中 중
生 생	垂 수	化 화	場 량	莊 장	場 량	爲 위
正 정	髻 계	衆 중	神 신	嚴 엄	神 신	說 설
念 념	道 도	生 생	得 득	具 구	得 득	法 법
解 해	場 량	令 령	能 능	解 해	能 능	解 해

사경의 공덕은 십만억 부처님께 공양한 것과 같은 공덕이 있습니다.

脫門雨寶莊嚴道場神得能
탈문우보장엄도량신득능

以辯才普雨無邊歡喜法解
이변재보우무변환희법해

脫門勇猛香眼道場神得廣
탈문용맹향안도량신득광

稱讚諸佛功德解脫門金剛
칭찬제불공덕해탈문금강

彩雲道場神得示現無邊色
채운도량신득시현무변색

相樹莊嚴道場解脫門蓮華
상수장엄도량해탈문연화

光明道場神得菩提樹下寂
광명도량신득보리수하적

然不動而充徧十方解脫門
연부동이충변시방해탈문

妙光照耀道場神得顯示如
묘광조요도량신득현시여

來種種力解脫門
래종종력해탈문

爾時淨莊嚴幢道場神承
이시정장엄당도량신승

佛威力普觀一切道場神衆
불위력보관일체도량신중

而說頌言
이설송언

我念如來往昔時
아념여래왕석시

사경의 공덕은 십만억 부처님께 공양한 것과 같은 공덕이 있습니다.

於無量劫所修行 (어무량겁소수행)
諸佛出興咸供養 (제불출흥함공양)
故獲如空大功德 (고획여공대공덕)
佛昔修行無盡施 (불석수행무진시)
無量刹土微塵等 (무량찰토미진등)
須彌光照菩提神 (수미광조보리신)
憶念善逝心欣慶 (억념선서심흔경)

如來色相無有窮 (여래색상무유궁)
變化周流一切剎 (변화주류일체찰)
乃至夢中常示現 (내지몽중상시현)
雷幢見此生歡喜 (뇌당견차생환희)
昔行捨行無量劫 (석행사행무량겁)
能捨難捨眼如海 (능사난사안여해)
如是捨行爲衆生 (여시사행위중생)

佛 불	衆 중	見 견	焰 염	現 현	無 무	此 차
普 보	生 생	佛 불	形 형	菩 보	邊 변	妙 묘
彌 미	行 행	自 자	淸 청	提 리	色 색	眼 안
綸 륜	海 해	在 재	淨 정	場 장	相 상	神 신
雨 우	無 무	生 생	道 도	徧 변	寶 보	能 능
法 법	有 유	歡 환	場 량	世 세	焰 염	悟 오
雨 우	邊 변	喜 희	神 신	間 간	雲 운	悅 열

隨其根解除疑惑 (수기근해제의혹)
華纓悟此心歡喜 (화영오차심환희)
無量法門差別義 (무량법문차별의)
辯才大海皆能入 (변재대해개능입)
雨寶嚴具道場神 (우보엄구도량신)
於心念念恒如是 (어심념념항여시)
於不可說一切土 (어불가설일체토)

사경의 공덕은 십만억 부처님께 공양한 것과 같은 공덕이 있습니다.

盡世言辭稱讚佛 (진세언사칭찬불)
故獲名譽大功德 (고획명예대공덕)
此勇眼神能憶念 (차용안신능억념)
種種色相無邊樹 (종종색상무변수)
普現菩提樹王下 (보현보리수왕하)
金剛彩雲悟此門 (금강채운오차문)
恒觀道樹生歡喜 (항관도수생환희)

사경의 공덕은 십만억 부처님께 공양한 것과 같은 공덕이 있습니다.

十方邊際不可得 (시방변제불가득)
佛坐道場智亦然 (불좌도량지역연)
蓮華步光淨信心 (연화보광정신심)
入此解脫深生喜 (입차해탈심생희)
道場一切出妙音 (도량일체출묘음)
讚佛難思清淨力 (찬불난사청정력)
及以成就諸因行 (급이성취제인행)

사경의 공덕은 십만억 부처님께 공양한 것과 같은 공덕이 있습니다.

此妙光神能聽受
차묘광신능청수

復次寶印手足行神得普
부차보인수족행신득보

雨衆寶生廣大歡喜解脫門
우중보생광대환희해탈문

蓮華光足行神得示現佛身
연화광족행신득시현불신

坐一切光色蓮華座令見者
좌일체광색연화좌영견자

歡喜解脫門最勝華髻足行
환희해탈문최승화계족행

神得一一心念中建立一切
신득일일심념중건립일체

足 족	出 출	種 종	星 성	調 조	善 선	如 여
行 행	妙 묘	種 종	幢 당	伏 복	見 견	來 래
神 신	音 음	蓮 연	足 족	無 무	足 족	衆 중
得 득	聲 성	華 화	行 행	邊 변	行 행	會 회
出 출	解 해	網 망	神 신	衆 중	神 신	道 도
生 생	脫 탈	光 광	得 득	生 생	得 득	場 량
無 무	門 문	明 명	念 념	解 해	擧 거	解 해
邊 변	樂 락	普 보	念 념	脫 탈	足 족	脫 탈
歡 환	吐 토	雨 우	中 중	門 문	發 발	門 문
喜 희	妙 묘	衆 중	化 화	妙 묘	步 보	攝 섭
海 해	音 음	寶 보	現 현	寶 보	悉 실	諸 제

解脫門栴檀樹光足行神得
해탈문전단수광족행신득

以香風普覺一切道場衆會
이향풍보각일체도량중회

解脫門蓮華光明足行神得
해탈문연화광명족행신득

一切毛孔放光明演微妙法
일체모공방광명연미묘법

音解脫門微妙光明足行神
음해탈문미묘광명족행신

得其身徧出種種光明網普
득기신변출종종광명망보

照耀解脫門積集妙華足行
조요해탈문적집묘화족행

사경의 공덕은 십만억 부처님께 공양한 것과 같은 공덕이 있습니다.

神得開悟一切衆生令生善
根海解脫門
爾時寶印手足行神承佛
神力徧觀一切足行神衆而
說頌言
佛昔修行無量劫
供養一切諸如來

心(심)恒(항)慶(경)悅(열)不(불)疲(피)厭(염)
喜(희)門(문)深(심)大(대)猶(유)如(여)海(해)
念(염)念(념)神(신)通(통)不(불)可(가)量(량)
化(화)現(현)蓮(연)華(화)種(종)種(종)香(향)
佛(불)坐(좌)其(기)上(상)普(보)遊(유)往(왕)
紅(홍)色(색)光(광)神(신)皆(개)覩(도)見(견)
諸(제)佛(불)如(여)來(래)法(법)如(여)是(시)

廣大衆會徧十方 (광대중회변시방)
普現神通不可議 (보현신통불가의)
最勝華神悉明矚 (최승화신실명촉)
十方國土一切處 (시방국토일체처)
於中擧足若下足 (어중거족약하족)
悉能成就諸群生 (실능성취제군생)
此善見神心悟喜 (차선견신심오희)

如衆生數普現身
여중생수보현신

此一一身充法界
차일일신충법계

悉放淨光雨衆寶
실방정광우중보

如是解脫星幢入
여시해탈성당입

如來境界無邊際
여래경계무변제

普雨法雨皆充滿
보우법우개충만

衆會覩佛生歡喜
중회도불생환희

此妙音聲之所見
차묘음성지소견

佛音聲量等虛空
불음성량등허공

一切音聲悉在中
일체음성실재중

調伏衆生靡不徧
조복중생미불변

如是栴檀能聽受
여시전단능청수

一切毛孔出化音
일체모공출화음

闡揚三世諸佛名
천양삼세제불명

사경의 공덕은 십만억 부처님께 공양한 것과 같은 공덕이 있습니다.

聞此音者皆歡喜
문차음자개환희

蓮華光神如是見
연화광신여시견

佛身變現不思議
불신변현불사의

步步色相猶如海
보보색상유여해

隨衆生心悉令見
수중생심실령견

此妙光明之所得
차묘광명지소득

十方普現大神通
시방보현대신통

一切衆生悉開悟
일체중생실개오

衆妙華神於此法
중묘화신어차법

見已心生大歡喜
견이심생대환희

復次淨喜境界身衆神得
부차정희경계신중신득

憶佛往昔誓願海解脫門光
억불왕석서원해해탈문광

照十方身衆神得光明普照
조시방신중신득광명보조

無邊世界解脫門海音調伏
무변세계해탈문해음조복

身신 衆중 神신 得득 大대 音음 普보 覺각 一일 切체 衆중
生생 令령 歡환 喜희 調조 伏복 解해 脫탈 門문 淨정 華화
嚴엄 髻계 身신 衆중 神신 得득 身신 如여 虛허 空공 周주
徧변 住주 解해 脫탈 門문 無무 量량 威위 儀의 身신 衆중
神신 得득 示시 一일 切체 衆중 生생 諸제 佛불 境경 界계
解해 脫탈 門문 最최 勝승 光광 嚴엄 身신 衆중 神신 得득
令령 一일 切체 飢기 乏핍 衆중 生생 色색 力력 滿만 足족

解脫門淨光香雲身衆神得
해탈문정광향운신중신득

除一切衆生煩惱垢解脫門
제일체중생번뇌구해탈문

守護攝持身衆神得轉一切
수호섭지신중신득전일체

衆生愚癡魔業解脫門普現
중생우치마업해탈문보현

攝化身衆神得普於一切世
섭화신중신득보어일체세

主宮殿中顯示莊嚴相解脫
주궁전중현시장엄상해탈

門不動光明身衆神得普攝
문부동광명신중신득보섭

一切衆生皆令生清淨善根
일체중생개령생청정선근

解脫門
해탈문

爾時淨喜境界身衆神承
이시정희경계신중신승

佛威力普觀一切身衆神衆
불위력보관일체신중신중

而說頌言
이설송언

我憶須彌塵劫前
아억수미진겁전

有佛妙光出興世
유불묘광출흥세

世尊於彼如來所 (세존어피여래소)
發心供養一切佛 (발심공양일체불)
如來身放大光明 (여래신방대광명)
其光法界靡不充 (기광법계미불충)
衆生遇者心調伏 (중생우자심조복)
此照方神之所見 (차조방신지소견)
如來聲震十方國 (여래성진시방국)

一(일)切(체)言(언)音(음)悉(실)圓(원)滿(만)

普(보)覺(각)群(군)生(생)無(무)有(유)餘(여)

調(조)伏(복)聞(문)此(차)心(심)歡(환)慶(경)

佛(불)身(신)清(청)淨(정)恒(항)寂(적)滅(멸)

普(보)現(현)衆(중)色(색)無(무)諸(제)相(상)

如(여)是(시)徧(변)住(주)於(어)世(세)間(간)

此(차)淨(정)華(화)神(신)之(지)所(소)入(입)

導師如是不思議
도사여시불사의

隨衆生心悉令見
수중생심실령견

或坐或行或時住
혹좌혹행혹시주

無量威儀所悟門
무량위의소오문

佛百千劫難逢遇
불백천겁난봉우

出興利益能自在
출흥이익능자재

令世悉離貧窮苦
영세실리빈궁고

사경의 공덕은 십만억 부처님께 공양한 것과 같은 공덕이 있습니다.

最勝光嚴入斯處 (최승광엄입사처)
如來一一齒相間 (여래일일치상간)
普放香燈光焰雲 (보방향등광염운)
滅除一切衆生惑 (멸제일체중생혹)
離垢雲神如是見 (이구운신여시견)
衆生染惑爲重障 (중생염혹위중장)
隨逐魔徑常流轉 (수축마경상류전)

如來開示解脫道 (여래개시해탈도)
守護執持能悟入 (수호집지능오입)
我觀如來自在力 (아관여래자재력)
光布法界悉充滿 (광포법계실충만)
處王宮殿化衆生 (처왕궁전화중생)
此普現神之境界 (차보현신지경계)
衆生迷妄具衆苦 (중생미망구중고)

剛 강	身 신	神 신				
神 신	解 해	得 득	復 부			
得 득	脫 탈	見 견	次 차	不 부	皆 개	佛 불
佛 불	門 문	如 여	妙 묘	動 동	令 령	在 재
身 신	日 일	來 래	色 색	光 광	滅 멸	其 기
一 일	輪 륜	示 시	那 나	神 신	惑 혹	中 중
一 일	速 속	現 현	羅 라	所 소	生 생	常 상
毛 모	疾 질	無 무	延 연	觀 관	喜 희	救 구
如 여	幢 당	邊 변	執 집	見 견	心 심	攝 섭
日 일	執 집	色 색	金 금			
輪 륜	金 금	相 상	剛 강			

解 해	現 현	脫 탈	執 집	身 신	華 화	現 현
脫 탈	爲 위	門 문	金 금	大 대	光 광	種 종
門 문	一 일	妙 묘	剛 강	神 신	執 집	種 종
可 가	切 체	臂 비	神 신	變 변	金 금	光 광
愛 애	世 세	天 천	得 득	解 해	剛 강	明 명
樂 락	間 간	主 주	無 무	脫 탈	神 신	雲 운
光 광	主 주	執 집	邊 변	門 문	得 득	解 해
明 명	開 개	金 금	隨 수	淸 청	化 화	脫 탈
執 집	悟 오	剛 강	類 류	淨 정	現 현	門 문
金 금	衆 중	神 신	音 음	雲 운	無 무	須 수
剛 강	生 생	得 득	解 해	音 음	量 량	彌 미

사경의 공덕은 십만억 부처님께 공양한 것과 같은 공덕이 있습니다.

解 해	廣 광	子 자	嚴 엄	音 음	門 문	神 신
脫 탈	大 대	王 왕	具 구	執 집	咸 함	得 득
門 문	福 복	光 광	攝 섭	金 금	盡 진	普 보
密 밀	莊 장	明 명	一 일	剛 강	無 무	開 개
焰 염	嚴 엄	執 집	切 체	神 신	遺 유	示 시
吉 길	聚 취	金 금	樹 수	得 득	解 해	一 일
祥 상	皆 개	剛 강	神 신	以 이	脫 탈	切 체
目 목	具 구	神 신	解 해	可 가	門 문	佛 불
執 집	足 족	得 득	脫 탈	愛 애	大 대	法 법
金 금	明 명	如 여	門 문	樂 락	樹 수	差 차
剛 강	了 료	來 래	師 사	莊 장	雷 뢰	別 별

神得普觀察險惡衆生心爲
신득보관찰험악중생심위

現威嚴身解脫門蓮華摩尼
현위엄신해탈문연화마니

髻執金剛神得普雨一切菩
계집금강신득보우일체보

薩莊嚴具摩尼髻解脫門
살장엄구마니계해탈문

爾時妙色那羅延執金剛
이시묘색나라연집금강

神承佛威力普觀一切執金
신승불위력보관일체집금

剛神衆而說頌言
강신중이설송언

汝應觀法王 (여응관법왕)
色相無有邊 (색상무유변)
佛身一一毛 (불신일일모)
譬如淨日輪 (비여정일륜)
如來神通力 (여래신통력)
一切衆生前 (일체중생전)
如來說法音 (여래설법음)

法王法如是 (법왕법여시)
普現於世間 (보현어세간)
光網不思議 (광망불사의)
普照十方國 (보조시방국)
法界悉周徧 (법계실주변)
示現無盡身 (시현무진신)
十方莫不聞 (시방막불문)

隨諸衆生類 수제중생류
衆見牟尼尊 중견모니존
普爲諸群生 보위제군생
法海漩澓處 법해선복처
種種方便門 종종방편문
無邊大方便 무변대방편
遇佛淨光明 우불정광명

悉令心滿足 실령심만족
處世宮殿中 처세궁전중
闡揚於大法 천양어대법
一切差別義 일체차별의
演說無窮盡 연설무궁진
普應十方國 보응시방국
悉見如來身 실견여래신

供養於諸佛 (공양어제불)
功德如虛空 (공덕여허공)
神通力平等 (신통력평등)
安坐妙道場 (안좌묘도량)
焰雲普照明 (염운보조명)
法界無不及 (법계무불급)

億刹微塵數 (억찰미진수)
一切所瞻仰 (일체소첨앙)
一切刹皆現 (일체찰개현)
普現衆生前 (보현중생전)
種種光圓滿 (종종광원만)
示佛所行處 (시불소행처)

發 願 文

귀의 삼보하옵고
거룩하신 부처님께 발원하옵나이다.

주　소 : ________________

전　화 : ________ 불 명 : ________ 성 명 : ________

불기 25 ____ 년 ____ 월 ____ 일